BEI GRIN MACHT SICH IHR
WISSEN BEZAHLT

Bibliografische Information der Deutschen Nationalbibliothek:

Die Deutsche Bibliothek verzeichnet diese Publikation in der Deutschen National-
bibliografie; detaillierte bibliografische Daten sind im Internet über http://dnb.d-
nb.de/ abrufbar.

Impressum:

Copyright © 2007 GRIN Verlag, Open Publishing GmbH
Druck und Bindung: Books on Demand GmbH, Norderstedt Germany
ISBN: 9783640453528

Dieses Buch bei GRIN:

http://www.grin.com/de/e-book/137302/gesteuerte-demokratie

Sandro Sterneberg

Gesteuerte Demokratie?

Ausprägungen und Ausmaße des Lobbyismus in Deutschland

GRIN Verlag

– Hausarbeit –

Thema:

Gesteuerte Demokratie?

Autor:

Sandro Sterneberg

Modul:

Unternehmen, Betrieb, Arbeit
aus historisch-sozialwissenschaftlicher Perspektive
Fachhochschule für Wirtschaft – WS 2006/2007

Inhaltsverzeichnis

1. Gesteuerte Demokratie?

Das politische System der Bundesrepublik Deutschland (BRD) ist eine parlamentarische Demokratie. Die parlamentarische Demokratie ist eine Form der repräsentativen Demokratie, d.h. die vom Volk gewählten Vertreter sollen das Volk repräsentieren und für einen gerechten Interessenausgleich sorgen.

Die Art und Weise der Vertretung von Interessen in der BRD hat sich in den vergangenen Jahren enorm verändert. Waren es vor dem Umzug der Politik von Bonn nach Berlin noch die Wirtschaftsverbände, die maßgeblich die politische Entscheidungsfindung beeinflusst haben, sind es zunehmend Unternehmen selbst. Die Unternehmen beeinflussen mit eigenen Vertretern, professionellen Lobbyisten, Public-Relations- und Public-Affairs-Agenturen ferner scheinbar bürgernahen Reforminitiativen die Politik und die Öffentlichkeit.

Vielfach wird dabei von einer gesteuerten Demokratie gesprochen, in der wirtschaftliche Eliten die Politik und Öffentlichkeit nicht nur massiv beeinflussen, sondern tonangebend sind, gesellschaftliche Spielräume verengen sowie ihre Macht weiter ausbauen. Zu diesem Thema fand im Juni 2004 ein Kongress in Frankfurt am Main statt, auf dem diese Problematik kritisch diskutiert wurde. [1]

Ziel der Arbeits ist es, zu überprüfen, inwiefern die Behauptung, dass die Demokratie in der BRD eine gesteuerte Demokratie ist, der Realität entspricht. Die Erarbeitung des Themas erfolgt über die Erläuterung der Entwicklungen der Interessenpolitik in Europa und Deutschland über die Bestimmung des Begriffs Lobbyismus und dessen Einfluss allgemein sowie in der Hauptstadt Berlin. Am Schluss wird ein Fazit gezogen und Lösungsansätze für einen glaubwürdigeren und transparenteren Lobbyismus vorgestellt.

---

[1] Vgl. Müller et al (2004), S. 7-13

2. Entwicklungen der Interessenpolitik in Europa

In den Vereinigten Staaten von Amerika sind Interessengruppen traditionell besser akzeptiert als in den europäischen Gesellschaften, in denen diese stärker als Gefahr für die Demokratie wahrgenommen werden.

Die zunehmende Europäisierung und Globalisierung haben jedoch enorme Veränderungen hervorgerufen. Das zahlenmäßige Wachstum aber vor allem die Art und Weise der Einflussnahme von Interessengruppen, lässt darauf schließen, dass wir uns auf dem Weg zu einer Interessengruppengemeinschaft (interest group society), ähnlich wie in den USA, befinden.

Brüssel ist ein sehr wichtiger Ort für Interessengruppen geworden, die in Europa Einfluss nehmen wollen und über Brüssel schwappte auch die amerikanische Kultur des Lobbying (näheres unter Punkt 4.) nach Europa. Des weiteren ist zu beobachten, dass auch Organisationen und Gruppen sich zu Lobbying bekennen, die traditionell eher einem am Gemeinwohl orientierten Verständnis von Politik nahe gestanden haben und dass Unternehmen ihre Interessen zunehmend unter Umgehung ihrer klassischen Vertreter, den Verbänden, versuchen durchzusetzen.

In der Politik geht es also zunehmend um die Vertretung von individuellen Interessen einzelner Gruppen und erst in zweiter Linie um das Gemeinwohl.

Das Lobbying wird bei der Vertretung von Interessen immer wichtiger, weil Politik nach wie vor zentrale Rahmenbedingungen vorgibt, von deren Ausgestaltung das Handeln und der wirtschaftliche Erfolg massiv abhängen.

Für Organisationen wie Krankenkassen, Ärztevereinigungen, Energieunternehmen, Gentechnikunternehmen oder landwirtschaftliche Betriebe kann es besser sein, staatliche Bedingungen zu beeinflussen, als nur darauf zu hoffen, dass sich ihre Leistungen und Produkte auf dem Markt durchsetzen.

Das Lobbying kann daher auch als ein Ergebnis der Ausgestaltung staatlicher Institutionen gesehen werden, die Anreize für das Lobbying schaffen, da z.B. im Gesundheitssystem der BRD die Medikamentenpreise und die Einkommen der Ärzte staatlich reguliert werden. [2]

---

[2] Vgl. Speth (2006b), S. 38-40

3. Entwicklungen der Interessenpolitik in der BRD

In der BRD gibt es für Interessengruppen viele Möglichkeiten ihre Vorhaben in die Orte der politischen Entscheidungen zu transportieren.

Nach wie vor sind die schätzungsweise 4 000 bundesweiten und 15 000 landesweiten Verbände eine der wichtigsten Organisationsformen von Interessen. Hiervon sind circa 1 900 Verbände beim Deutschen Bundestag eingetragen und werden somit zu Anhörungen eingeladen. Die Verbände haben demokratische Organisationsstrukturen und müssen den Bedürfnissen der Mitglieder nach Durchsetzung ihrer Interessen und den Ansprüchen der Politik an eine vielfältige und moderierte Form der gesellschaftlichen Interessensübermittlung gerecht werden. Die verschiedenen Verbände sind unterschiedlich stark. Zu den Spitzenverbänden der Wirtschaft zählen der Bundesverband der Deutschen Industrie (BDI), die Bundesvereinigung der Deutschen Arbeitgeberverbände (BDA), der Deutsche Industrie- und Handelskammertag (DIHK), und der Zentralverband des Deutschen Handwerks (ZDH). Wichtige Branchenverbände sind der Verband der Chemischen Industrie, der Bundesverband Informationswirtschaft, Telekommunikation und Neue Medien (BITKOM), der Verband der Automobilindustrie (VDA) sowie der Zentralverband Elektrotechnik und Elektroindustrie (ZVEI). Zu den Verbänden zählen außerdem auf der Seite der Arbeitnehmervertreter die Gewerkschaften. Des weiteren existieren zur Vertretung gesellschaftlicher Interessen etwa 50 000 Bürgerinitiativen und 500 000 Vereine.

In den 1990er-Jahren haben sich die gesellschaftlichen, ökonomischen und politischen Bedingungen für Interessenvertretung und Lobbying fundamental gewandelt. Es sind langfristige Trends zu einer Individualisierung zu spüren. Alle großen Organisationen wie Kirchen, Parteien, Gewerkschaften und Verbände verzeichnen Rückgänge ihrer Mitgliederzahlen. Obgleich die Verbände hierbei noch die geringeren Mitgliederrückgänge zu verzeichnen haben, ist eine zunehmende Unzufriedenheit mit der Verbandspitze zu beobachten.

Darüber hinaus sinkt die frühere starke Macht der Verbände durch die korporatistische Einbindung in zentrale Politikbereiche wie Gesundheit, Rente und Arbeitsmarkt durch die Lockerung dieser Einbeziehung, so dass die Interessengruppen neue Wege beschreiten können.

Es ist also eine Entwicklung der Interessenvertretung vom Korporatismus hin zum Lobbyismus zu sehen.

Durch ihre wirtschaftliche Macht, ausgedrückt in eigenen Repräsentanzen in Brüssel und Berlin, sehen sich die Unternehmen zunehmend selbst als politische Akteure. Durch die Entstehung von professionellen Lobbyunternehmen und sogenannten Public-Affairs-Agenturen (PA), die Public-Relations, Politikberatung und Lobbying in Kombination anbieten, wurden die Möglichkeiten erweitert und der Trend des Lobbying verstärkt. [3]

4. Lobbyismus in Deutschland

4.1. Begriffsbestimmung

Der Lobbyismus wird in der Bundesrepublik Deutschland immer bedeutender und einflussreicher. Doch was steckt dahinter? Um diese Frage zu klären, muss zunächst allgemein der Begriff bestimmt werden.

Zu Beginn des 19. Jahrhunderts nahmen in den Vereinigten Staaten von Amerika in der Vorhalle bzw. der Lobby des berühmten Willard Hotels in Washington D.C. Wirtschaftsvertreter mit Abgeordneten Kontakt auf, um Einfluss auf die Entscheidungen hinsichtlich der Erschließung des Landes und der Konzessionsvergabe für den Eisenbahnbau zu nehmen.

Aufgrund des Ortes der Kontaktaufnahme und im Zusammenhang mit der Entstehung der modernen Politik wurden Interessengruppen, die im Vorfeld der Politik informell auf diese Einfluss nahmen, fortan Lobbyisten genannt. [4]

Die Tätigkeit des Lobbying lässt sich heutzutage folgendermaßen formulieren:

„Lobbying ist die Beeinflussung der Regierung durch bestimmte Methoden, mit dem Ziel, die Anliegen von Interessensgruppen möglichst umfassend bei politischen Entscheidungen durchzusetzen. Lobbying wird von Personen betrieben, die selbst am Entscheidungsprozess nicht beteiligt sind." [5]

---

[3] Vgl. Speth (2006b), S. 40-51
[4] Vgl. Leif/Speth (2006a), S. 18-19
[5] Leif/Speth (2006a), S. 12

4.2. Abgrenzungen [6]

Um eine genauere Vorstellung von Lobbying zu bekommen ist eine Abgrenzung zwischen Lobbyismus und Korruption, Politikberatung, Public Relations und Interessenvertretung sinnvoll.

Lobbyismus versus Korruption

Korruption ist der *„Missbrauch von anvertrauter Macht zum privaten Nutzen oder Vorteil"*. [7] Korruption ist illegal. Die Interessenvertretung wiederum ist legal, Lobbying hingegen befindet sich dazwischen.

Der Lobbyist will Entscheidungen zum Vorteil seines Auftraggebers beeinflussen, die Abgrenzung von Korruption ergibt sich daher, dass die Beeinflussung nicht mit Geld oder geldwerten Vorteilen geschehen darf.

Jedoch fließen legale Parteispenden, werden Wahlkämpfe unterstützt, Autos und Büroeinrichtungen zur Verfügung gestellt und Auftritte zur Eigenwerbung der Politiker in Firmen organisiert. Lobbying befindet sich in einer Grauzone, da die Methoden oft an Korruption grenzen, es unter Ausschluss der Öffentlichkeit geschieht und intransparent gehalten wird und damit schwer kontrollierbar ist.

Lobbyismus versus Politikberatung

Lobbyisten verstehen sich gerne als Politikberater, um die negative Kennzeichnung des Begriffes Lobbying nicht zu benutzen.

Sie liefern Argumente, Statements, Statistiken und Entwürfe, jedoch versteht man unter Politikberatung eigentlich die Beratung von politischen Institutionen mit neutralem wissenschaftlichem Sachverstand. Politikberatung betreibt z.B. der Sachverständigenrat zur Begutachtung der gesamtwirtschaftlichen Lage, die Enquete-Kommissionen des Bundestages, Think Tanks (Wissenschaftliche Denkfabriken) und Unternehmensberater, die Politik als neues Feld entdeckt haben. [8] Im Unterschied zu Lobbying hat die Politikberatung immer einen Bezug zum größeren Ganzen, wohingegen Lobbying die Vertretung ganz spezieller Interessen bezeichnet.

---

[6] Vgl. Leif/Speth (2006a), S. 26-29
[7] Transparency International Deutschland e.V. (2007)
[8] Vgl. Rügemer (2004), S. 52-58

Aber auch in der BRD geben beispielsweise Think Tanks ihre Neutralität auf und vertreten klare politische Positionen, ganz so wie es in den USA bereits Gang und Gebe ist. [9]

Lobbyismus versus Public Relations

Der Unterschied zwischen Public Relations (PR) und Lobbying besteht darin, dass sich PR an die Öffentlichkeit und Lobbying an die Politik richtet.

Zum Teil bieten jedoch die bereits erwähnten Public-Affairs-Agenturen beides an. Vielfach wird Lobbying mit PR verbunden, da sich zum Beispiel unter dem Begriff Corporate Cititzenship (bürgerschaftliches Engagement von Unternehmen) das Negativ-Image von Lobbying aufpolieren lässt. Lobbying und PR müssen sich daher nicht ausschließen, sondern werden in den unterschiedlichen Phasen des Prozesses der Politikbeeinflussung eingesetzt bzw. PR-Aktivitäten können Lobbying begleiten oder stützen.

Lobbyismus versus Interessenvertretung

Interessenvertretung ist die unspezifische Repräsentation von Interessen im politischen Raum, wobei auch die Darstellung von Werten und Ideologien sowie der Interessengruppe an sich gegenüber der Gesellschaft gemeint ist.

Die Interessenvertretung ist meist die Aufgabe der Verbände, die umfassende Austauschbeziehungen mit der Politik haben. Im Gegensatz zur Interessenvertretung, die permanent und öffentlich geschieht, erfolgt Lobbying punktuell und abseits der Öffentlichkeit. Lobbying und Interesservertretung können sich jedoch ebenfalls ergänzen, da Lobbyisten konkrete Interessen und Forderungen artikulieren und Interessenvertreter sich für die dauerhafte und gesamtgesellschaftlich relevante Vertretung bestimmter Interessen einsetzen. [10]

4.3. Ort der Einflussnahme

Der Ort des Lobbying kann in einer zeitlichen und in einer räumlichen Hinsicht bestimmt werden.

Der politische Entscheidungsprozess vollzieht sich anhand des Policy-Zyklusmodells in maximal sieben Phasen:

---

[9] Vgl. Ziegler, A. (2007)
[10] Vgl. Leif/Speth (2006a), S. 13-14

1. Definition des Problems
2. Aufnahme des Themas in die Agenda (Agenda-Setting)
3. Formulierung der Politik und Erarbeitung eines genaueren Programms
4. Entscheidung über den politischen Gegenstand / Erarbeitung von Gesetzen und Verordnungen
5. Umsetzung der Politik
6. Ergebnisse der Umsetzung liegen vor
7. Nachjustierung von Maßnahmen oder Neuformulierung (Novellierung)

Zeitlich gesehen wird Lobbying meist in den ersten drei Phasen vorgenommen. Abhängig vom Willen des Auftraggebers kann der Lobbyist in den ersten zwei Phasen versuchen, ein spezifisches Vorhaben zu einem Thema zu machen. Am bedeutendsten ist jedoch die dritte Phase in der die politischen Programme erarbeitet werden. Für den Lobbyisten gilt es hier Entwürfe so früh wie möglich zu beeinflussen, da sich spätere Änderungen deutlich schwieriger darstellen.

Aufgrund der unübersichtlichen Ebenen Brüssel, Berlin und der Bundesländer müssen Lobbyisten stets alle Phasen beobachten. Sie agieren quasi als *„politisches Frühwarnsystem"* [11] für ihre Auftraggeber, denen sie Veränderungen frühzeitig melden und Strategien vorschlagen müssen.

Anzumerken ist, dass die Verbände hingegen meist bei der Durchführung der Politik in der 5. Phase mitwirken.

Räumlich gesehen, richtet sich Lobbying grundsätzlich an alle Arten von Regierungen wie die EU Kommission, EU-Parlament, Bundesregierung, Länderregierungen, Oppositionsfraktionen und andere Institutionen, die mit Entscheidungs- oder Verhinderungsmacht ausgestattet sind.

Da Lobbyisten jedoch keinen rechtlichen Anspruch auf die Beteiligung am Politikprozess haben, sie jedoch frühzeitig Einfluss nehmen und dabei möglichst lautlos arbeiten wollen, ist die erste Adresse der Lobbyisten die Ministerialbürokratie.

In der Regel werden zwar Themen von den zuständigen Staatsorganen auf die Tagesordnung gesetzt, es gehen dennoch auch entscheidende Impulse von Parteigremien, Gewerkschaften, Wirtschaftsverbänden, wissenschaftlichen Instituten, den Medien, den Gerichten (insbesondere dem Bundes-

---

[11] Leif/Speth (2006a), S. 21

verfassungsgericht) und Kirchen, die intensive Kontakte zu der Ministerialbürokratie haben, aus. Die Ministerialbürokratie selbst kann auch Themen vorgeben. Die Ministerialbürokratie hat bei ihrer Arbeit einen großen Spielraum und damit auch Einfluss auf politische Entscheidungsprozesse. Sie hat z.b. eine erhebliche Entscheidungsfreiheit bei der administrativen Gesetzgebung in der es um Klarstellungen, Anpassungen, Änderungen von Gesetzen geht. Die frühzeitige Beeinflussung ist möglich und erwünscht, da die Ministerialbürokratie Informationen sammeln soll, um mögliche Auswirkungen von Gesetzen und Verordnungen abschätzen zu können und da die Beteiligung von Interessengruppen auch zu einer besseren Akzeptanz staatlicher Entscheidungen führt. Aus der Sicht der Lobbyisten stehen dabei die Referenten der Ministerien (einschließlich der Minister und der Staatssekretäre) an erster Stelle, gefolgt von der Fachebene der Ministerien und den Fachreferenten in den Fraktionen. Das Parlament steht also bis auf einzelne Abgeordnete, die Experten auf bestimmten Gebieten sind und in wichtigen Ausschüssen sitzen sowie den Fachreferenten der Fraktionen im Hintergrund – entscheidend für Lobbyisten ist die Exekutive.

Das Lobbying setzt genau dort an, wo es großen Einfluss nehmen kann, wo es praktisch keine Verfahren und Regeln hinsichtlich des Umganges mit Lobbyisten gibt und wo es gleichzeitig vollkommen abseits der Öffentlichkeit vollzogen werden kann. [12] [13]

4.4. Aufgaben und Instrumente

Eine der Hauptaufgaben eines Lobbyisten ist das Sammeln, Aufarbeiten und Weitergeben von Informationen. Auf der einen Seite tut er dies für seinen Auftraggeber, auf der anderen Seite sind Ministerialbeamte und Abgeordnete zunehmend abhängig von Informationen.

Umso weniger der Staat die einzelnen Bediensteten mit Ressourcen ausstattet, um eine eigene und unabhängige Expertise zu erlangen, umso mehr sind die Bediensteten von Informationen der Lobbyisten abhängig. Diese Grundsatzpapiere, Argumentationshilfen, statistisches Zahlenmaterial und Expertisen zu möglichen Auswirkungen von gesetzlichen Regelungen werden in der Ministerialbürokratie und der Politik platziert. Am entscheidensten sind

---

[12] Vgl. Leif/Speth (2006a), S. 13-23
[13] Vgl. Speth (2006a), S. 99-109

jedoch komplette Referentenentwürfe. Können diese frühzeitig platziert werden, so stellen sie die Orientierungs-marke für die weitere Arbeit der Politik dar.

Ein weitere Aufgabe von Lobbyisten sind die intensive Kontaktpflege und die Schaffung von vertrauensvollen Beziehungen. Die Pflege der Kontakte findet durch telefonische und persönliche Gespräche bei Treffen und Arbeitsessen statt. Dem Ausbau der Kontakte und der Schaffung von Vertrauen dienen auch Lobbykreise und Lobbyzirkel wie das Collegium, der Dreißiger-Multiplikatoren-Kreis, die Junge Lobby und der Adlerkreis. Die Bedeutung des Collegium, zu dem sich monatlich die Repräsentanten der DAX-Unternehmen treffen ist nicht zu unterschätzen, da dort Erfolgsmeldungen ausgetauscht werden und inoffiziell bereits Entscheidungen getroffen werden: *„Kein Politiker kann es sich leisten, eine Einladung dieses Gremiums abzuschlagen"* [14]

Veranstaltungen wie Parlamentarische Abende, Empfänge, Wochenendveranstaltungen mit kulturellem Programm und Ähnliches werden ebenfalls durchgeführt. Dies wird allerdings mitunter als uneffektiv eingestuft, da oftmals die Entscheider nicht gezielt angesprochen werden können und weil diese Art der Veranstaltungen an Korruption grenzen.

Vertrauensvolle Beziehungen sind für Lobbyisten daher insofern wichtig, weil stets der Verdacht der Begünstigung privater Interessen im Raum steht.

Ähnlich verhält es sich mit legalen Parteispenden, die von den Parteien ab einem Betrag von über 10 000 € veröffentlicht werden müssen. Da dies jedoch meist nicht im Sinne der Spender ist, fanden die Parteien immer wieder Wege die Veröffentlichung zu umgehen.

Weitere Instrumente von Lobbyisten sind die Bildung von Allianzen wie z.B. die Allianz pro Schiene e.V., das Informationszentrum Mobilfunk e.V. oder das Deutsche Verkehrsforum e.V., wodurch Macht mittels einer gemeinsamen Strategie gebündelt werden kann. [15]

---

[14] Schumacher (2006), S. 83
[15] Vgl. Leif/Speth (2006a), S. 23-26

4.5. Gruppen [16]

Die Lobbyisten können grob in fünf Gruppen eingeteilt werden, wobei die Übergänge fließend sind.

Die 1. Gruppe der Lobbyisten sind unabhängige und ehrenhafte Informierer, die langfristige Kontakte knüpfen und vernünftig ihre Themen setzen.

Hartleibige Druckmacher bilden die zweite Gruppe der Lobbyisten. Meist von der Wirtschaft oder ihrem Gegenpart finanziert brachten sie die Politik in der Vergangenheit mit Leichtigkeit durch die Androhung von Arbeitsplatzstreichungen auf ihre Seite. Aber auch Gewerkschaften oder Umweltgruppen, die in der Lage sind eine Menge Menschen und Medien kurzfristig zu mobilisieren, können dazu gezählt werden. In dieser Gruppe herrscht Einigkeit darüber, dass am besten alles so bleibt, wie es ist.

Als dritte Gruppe können die Unternehmensvertreter gezählt werden. Kaum ein größeres Unternehmen kann es sich erlauben, kein Büro oder eine Repräsentanz in der Nähe der Politik zu haben. Die Anzahl der Unternehmensvertreter in Berlin hat nach dem Regierungsumzug ein solches Ausmaß angenommen, dass die Zeit befand, die Prachtstraße Unter den Linden doch in Unter den Lobbyisten umzubenennen. Die Politiker empfinden die Unternehmensvertreter jedoch nicht als lästig, da die Unternehmen über Ressourcen verfügen, die ihnen selbst nicht zur Verfügung stehen. Die Unternehmen beschäftigen Anwälte, Institute und Experten und verfügen über Daten und Zahlen, wobei besonders Haftungsrisiken und die Folgenabschätzung wichtig sind, da viele Gesetze komplex und ohne internationalen Rechtsbeistand kaum fertig zustellen sind. Unterstützung finden die Unternehmen auch bei den Ministerpräsidenten, die gerne Rücksicht auf Arbeitgeber in ihrem Bundesland nahmen/ nehmen. Exemplarisch genannt werden können Gerhard Schröder und VW, Edmund Stoiber und BMW sowie Klaus Wowereit und Schering.

Von den ersten drei Gruppen sind fast 2 000 offiziell beim Bundestag registriert, was ihnen Zutritt zu den Büros der Abgeordneten ermöglicht. Fast 5 000 dieser Hausausweise wurden ausgegeben – mehr als doppelt so viel wie an alle Journalisten zusammen.

---

[16] Vgl. Schumacher (2004), S. 82-86

Die vierte Gruppe sind die Windmacher, hauptsächlich professionelle PR-/ PA-Agenturen und Reforminitiativen. Die Agenturen sind Dienstleister und verstehen sich als Vermittler zwischen Unternehmen und der Politik sowie der Öffentlichkeit. Sie unterstützen Unternehmen bei der Überwachung von politischen Prozessen, der Aufnahme von Kontakten zur Regierung, Behörden und Parteien und sie konzipieren großangelegte Kampagnen. Mittelständische Betriebe, die nicht über die Mittel für eine eigene Repräsentanz in der Nähe der Politik verfügen, schalten diese Agenturen ein. Aber auch größere Unternehmen und vor allem der Staat selbst, lassen für beachtliche Honorare aufwendige Kampagnen durchführen. Durch Fernsehspots, Plakate und Anzeigen sowie Kongressen und Podiumsdiskussionen werden Themen aber vor allem Images und Werte vermittelt.[17]

Frei nach dem Motto:

„Warum eine teure Pressekonferenz organisieren, deren Ergebnis nicht abzusehen ist, wenn man Beiträge inzwischen einfach kaufen kann?

„Warum mühsam Klinken putzen, wenn auch gezielte Plakataktionen öffentlichen Druck erzeugen oder zumindest die Illusion politischen Handelns?" [18]

Des weiteren sind in den vergangenen Jahren neoliberal geprägte Reforminitiativen und Kampagnen wie die Initiative Neue Soziale Gerechtigkeit (INSM), der Bürgerkonvent, der Konvent für Deutschland oder auch die Kampagne Deutschland packt's an entstanden. Meist von der Wirtschaft finanziert, versuchen sie sich bürgernah bzw. als Bürgerinitiativen auszugeben und einen Klimawechsel zu Gunsten des Unternehmergeistes, der bürgerlichen Eigenverantwortung und der Reduzierung des Sozialstaates zu bewirken. Hierbei ist ein äußerst offensiver und professioneller Umgang mit den Medien zu beobachten, wobei die eigentlichen Hintergründe meist verschleiert bleiben, mittels prominenter Vertreter für Vertrauen geworben wird und zum Teil manipulative Methoden zum Einsatz kommen.[19]

---

[17] Vgl. Lianos/Kahler (2006), S. 290-297
[18] Schumacher (2004), S. 84
[19] Vgl. Müller (2004), S. 41-51

Die fünfte und problematischste Gruppe sind Doppelverdiener – Politiker als Lobbyisten. Ein Blick in das Bundestagshandbuch oder die jeweilige Abgeordneten-Website erstaunt. Ob Aufsichtsrats- und/oder Beiratsposten, Schirmherrschaften und sonstige Nebentätigkeiten, die mit lukrativen Aufwandsentschädigungen entlohnt werden, durch alle Parteien hinweg gibt es kaum jemanden, der nicht irgendwo nebentätig ist.

Das dabei auftretende Problem anhand des Beispieles der Gesundheitsreform:

„Wie aber soll ein Abgeordneter bei den Gesundheitsverhandlungen noch unabhängig darüber entscheiden, ob es sinnvoll ist, das gesetzliche Kassensystem zu privatisieren, wenn er gleichzeitig im Beirat einer privaten Krankenversicherung sitzt?"[20]

Diese Nebentätigkeiten haben weniger mit Lobbyismus als viel mehr mit erschreckender Interessenvermischung zu tun. Ein weiteres Problem ist der Wechsel von Politikern in die Lobbybranche nach ihrem Ausscheiden aus der Politik. Die Politiker verfügen über intensive Kontakte in die Politik und unheimlich wertvolles Insider-Wissen. Mitunter haben diese Politiker während ihrer politischen Tätigkeit bereits die Weichen für ihre spätere Laufbahn gestellt bzw. bereits im Vorhinein zu Gunsten ihrer jetzigen Arbeitgeber gewirkt.

Ein Paradebeispiel dafür ist Alt-Bundeskanzler Gerhard Schröder und sein Wirken als Bundeskanzler im Zusammenhang mit seine jetziger Tätigkeit im Aufsichtsrat der Ostseepipeline. In diesem Zusammenhang ebenfalls brisant ist Werner Müller, der vor seiner Tätigkeit als Wirtschaftsminister unter Gerhard Schröder, bei dem Energiekonzern Veba beschäftigt war und während seiner Amtszeit weiterhin ehrenamtlich vom Vorstand der Veba beraten wurde und die damals umstrittene Fusion von E.ON und Ruhrgas ermöglichte.

Aktuell leitet er nun eine Tochtergesellschaft von E.ON. [21] [22]

---

[20] Hinrichs (2006), S. 95
[21] Vgl. Hinrichs (2006), S. 95-96
[22] Vgl. Gammelin (2005)

4.6. Berlin – Hauptstadt des Lobbyismus [23]

Im Bonn der alten Tage war der Lobbyismus übersichtlich, heute in Berlin ist er allgegenwärtig und wirkt in alle Richtungen. Früher war eine klare Trennung von Lobbyismus und Journalismus erkennbar, heute hat sich hingegen die Macht der PR-Branche weiter entfaltet:

„Lobbyisten und PR-Vertreter haben das politische, wirtschaftliche und gesellschaftliche Berlin praktisch komplett unter ihre Kontrolle gebracht" [24]

Heute geht es Politikern wie Journalisten. Das Geschäft ist groß und unübersichtlich, es gibt immer weniger Experten in den eigenen Reihen und es herrscht ein hohes Arbeitstempo und wenig Zeit für Detailarbeit. Dieses größer werdende Informationsdefizit machen sich clevere PR-Strategen zunutze. Heute macht jeder Lobbyismus und Kampagnen – immer mehr auch die Politik selbst:

„Definiert man Lobbyismus etwas weiträumig als das bezahlte Vertreten und Bewerben von Partikularinteressen, dann ist in Berlin inzwischen nahezu jeder Lobbyist für irgendetwas." [25]

Volks- und Unternehmensvertreter sehen es als effektiver an Botschaften an den dafür zuständigen Journalisten vorbei in die Öffentlichkeit zu bringen. PR-Agenturen arbeiten an Gesetzen mit, organisieren Kongresse, entfachen Debatten und entscheiden ab und zu auch über politische Karrieren. Die PR-Branche beschäftigt inzwischen mehr Journalisten und Öffentlichkeitsarbeiter als die Medien und sie zahlen deutlich besser. Dass die PR der politischen Kommunikation so unübersichtlich und mächtig wurde, liegt nicht an dem Wechsel nach Berlin, sondern vielmehr an der Vielzahl ökonomischer Veränderungen. Medien sind in der heutigen Zeit aufgrund schrumpfender Budgets, wesentlich empfänglicher für preisgünstige oder kostenlose Beiträge. [26]
Der zentrale Grund für den allumfassenden Lobbyismus in Berlin ist jedoch ein in allen Parteien, Institutionen, Unternehmen und Agenturen herrschender naiv anmutender Glaube an die Allmacht von PR.

---

[23] Vgl. Schumacher (2004), S. 78-87
[24] Schumacher (2004), S. 79
[25] Schumacher (2004), S. 81
[26] Vgl. Lilienthal (2004), S. 111-120

5. Fazit und Lösungsansätze [27] [28] [29] [30] [31]

In einer Demokratie ist die Vertretung von Interessen notwendig und legitim. In der Bundesrepublik Deutschland sind hierbei jedoch für die Demokratie gefährliche Tendenzen zu beobachten.

Es besteht eine Vormachtsstellung/Hegemonie mächtiger wirtschaftlicher Gruppen und Ideen in der Politik sowie in der Öffentlichkeit. In der Politik ist eine zunehmende Tendenz zum Lobbyismus zu verspüren. Politiker sind dabei zunehmend abhängig von Informationen der Lobbyisten und können bzw. wollen die einseitige Darstellung nicht erkennen, da sie sich von der Zusammenarbeit selbst Vorteile erhoffen und sie somit ihr Eigeninteresse vor das Interesse des Gemeinwohles stellen.

Dieser Lobbyismus ist nicht illegal, vollzieht sich jedoch außerhalb der Öffentlichkeit, bleibt gezielt intransparent, bedient sich zum Teil fragwürdiger Methoden und befindet sich somit in einer schwer kontrollierbaren Grauzone.

Da professionelles Lobbying auch sehr kostenintensiv ist und daher für andere Gruppen wie zum Beispiel Verbraucher, Kinder, Rentner und allgemein moralisch orientierter Interessengruppen schwer möglich ist, werden diese Interessen langfristig weniger berücksichtigt werden.

Darüber hinaus bleibt der Mythos des Lobbyismus einer geheimen Macht, da auch die Medien, die eigentlich ein Gegengewicht zu übermäßig starken Interessengruppen sein sollten, zunehmend beeinflusst werden. So kann es sein, dass über Lobbyismus und die Hintergründe von Kampagnen kaum berichtet wird und die öffentliche Debatte zu Gunsten mächtiger Gruppierungen verzerrt wird. Dies alles trägt zu Glaubwürdigkeitsverlusten der Politik und Zweifeln an der Demokratie und damit zu Resignation in der Bevölkerung bei.

Da es aber auch gesellschaftliche Widerstände in Form von NGO's (Nichtregierungsorganisationen) und Bürgernetzwerken wie z.B. das Campact Online Bürgernetzwerk oder LobbyControl gibt, kann von einer starken Beeinflussung der Politik durch wirtschaftliche Gruppierungen, aber nicht von einer vollkommen und absoluten Steuerung der Demokratie gesprochen werden..

---

[27] Vgl. Hinrichs (2006), S. 97-98
[28] Vgl. Redelfs (2006), S. 333-348
[29] Vgl. Leif/Speth (2006a), S. 29-31
[30] Vgl. Leif/Speth (2006b), S. 351-354
[31] Müller et al (2004), S. 7-12

Das Problem des Lobbyismus in Deutschland ist nicht unbedingt nur die Einflussnahme, sondern die fehlende Nachvollziehbarkeit.

Daher könnte es gelingen, durch eine zunehmende Transparenz den öffentlichen Diskurs zu ermöglichen und den Druck zu erhöhen die Spielregeln zwischen Politikern und Lobbyisten einzuhalten. Diese Transparenz könnte durch die weitere detaillierte Offenlegung der Tätigkeiten und Einkünfte der Politiker aber auch der Lobbyisten und der Verwaltungsebene ermöglicht werden. Die Glaubwürdigkeit der Politik und das Vertrauen in die Arbeit der Lobbyisten könnte verbessert werden, indem konkrete Regelungen für den Umgang mit Lobbyisten seitens der Politik und ethische Selbstverpflichtungen seitens der Lobbyisten geschaffen werden würden. Dies könnte des weiteren gelingen, indem aktive Politiker und Mandatsträger ganz auf Nebentätigkeiten verzichten würden und es eine Sperrzeit/Abkühlungsphase für ausscheidende Politiker geben würde, um ausreichend Abstand zu ihrer politischen Tätigkeit und der darauffolgenden Tätigkeit zu ermöglichen. Außerdem sollte der Journalismus in Deutschland wieder professioneller und kritischer werden. Inhalte sollten wieder stärker selbstständig und unabhängig recherchiert anstatt kritiklos übernommen werden.

Die weitere Entwicklung bleibt abzuwarten.

Quellenverzeichnis

Gammelin, C., Die Erdgas-Connection, in: Die Zeit, Nr. 51 (2005), auch Online im Internet: URL: http://www.zeit.de/2005/51/Erdgas [14.02.2007]

Hinrichs, U., Politiker und Lobbyisten - Lobbyisten als Politiker, in: Leif, T./Speth, R. (Hrsg.), Die fünfte Gewalt. Lobbyismus in Deutschland, Bonn 2006

Lilienthal, V., Formierte Öffentlichkeit. Wie die Industrie programmprägend wirkt, in: Müller, U. et al (Hrsg.), Gesteuerte Demokratie. Wie neoliberale Eliten Politik und Öffentlichkei beeinflussen, Hamburg 2004

Müller, U., Reforminitiativen, in: Müller, U. et al (Hrsg.), Gesteuerte Demokratie. Wie neoliberale Eliten Politik und Öffentlichkeit beeinflussen, Hamburg 2004

Müller, U. et al, Gesteuerte Demokratie, in: Müller, U. et al (Hrsg.), Gesteuerte Demokratie. Wie neoliberale Eliten Politik und Öffentlichkeit beeinflussen, Hamburg 2004

Leif, T./Speth, R., Die fünfte Gewalt. Anatomie des Lobbyismus in Deutschland, in: Leif, T./Speth, R. (Hrsg.), Die fünfte Gewalt. Lobbyismus in Deutschland, Bonn 2006

Leif, T./Speth, R., Zehn zusammenfassende Thesen zur Anatomie des Lobbyismus in Deutschland und sechs praktische Lösungsvorschläge zu seiner Demokratisierung, in: Leif, T./Speth, R. (Hrsg.), Die fünfte Gewalt. Lobbyismus in Deutschland, Bonn 2006

Lianos, M./Kahler, T., Die Rolle der Public Affairs-Agenturen in Berlin, in: Leif, T./Speth, R. (Hrsg.), Die fünfte Gewalt. Lobbyismus in Deutschland, Bonn 2006

Redelfs, M., Mehr Transparenz gegen die Macht der Lobbyisten, in: Leif, T./Speth, R. (Hrsg.), Die fünfte Gewalt. Lobbyismus in Deutschland, Bonn 2006

Rügemer, W., Schlanker Staat, fette Berater, in: Müller, U. et al (Hrsg.), Gesteuerte Demokratie. Wie neoliberale Eliten Politik und Öffentlichkeit beeinflussen, Hamburg 2004

Schumacher, H., Die ewig netten Herren. Berlin ist die Hauptstadt eines wild wachsenden Lobbyismus, in: Leif, T./Speth, R. (Hrsg.), Die fünfte Gewalt. Lobbyismus in Deutschland, Bonn 2006

Speth, R., Die Ministerialbürokratie: erste Adresse der Lobbyisten, in: Leif, T./Speth, R. (Hrsg.), Die fünfte Gewalt. Lobbyismus in Deutschland, Bonn 2006

Speth, R., Wege und Entwicklungen der Interessenpolitik, in: Leif, T./Speth, R. (Hrsg.), Die fünfte Gewalt. Lobbyismus in Deutschland, Bonn 2006

Transparency International Deutschland e.V., Was ist Korruption?, Online im Internet: URL: http://transparency.de/Was-ist-Korruption.45.0.html [15.02.2007]

Ziegler, A., Think Tanks in den USA. Online im Internet: URL: http://www.tagesschau.de/aktuell/meldungen/0,1185,OID6371278_REF1,00.html [06.02.2007]